J. PRADES

INVENTAIRE

des

plantations de la ville de Hanoi en 1910-1911

" Celui qui plante un arbre est un bienfaiteur de l'humanité ; celui qui en détruit un est un criminel. "

André THEURIET.

HANOI
IMPRIMERIE TONKINOISE
14-16, Rue du Coton, 14-16,

1921

J. PRADES

INVENTAIRE

des

plantations de la ville de Hanoi en 1910-1911

> " Celui qui plante un arbre est un bienfaiteur de l'humanité ; celui qui en détruit un est un criminel. "
>
> André THEURIET.

HANOI
IMPRIMERIE TONKINOISE
14-16, Rue du Coton, 14-16,

1921

INTRODUCTION

En présentant le travail ci-joint, ce n'est pas un recueil scientifique que nous avons voulu offrir aux promeneurs, mais un guide de nouveau genre.

En effet, beaucoup de personnes circulant dans les rues, boulevards, allées, squares et promenades, peuvent ignorer le nom des arbres qui les garantissent, — elles et leurs habitations, — des rayons souvent trop ardents du soleil. C'est donc, en réalité, un véritable inventaire que nous avons entrepris.

Après avoir indiqué la longueur des rues complantées en arbres divers, et sachant que l'espacement de ces derniers est généralement de 8 mètres, il sera facile à chacun d'évaluer aussi approximativement que possible le total des arbres qui forment les belles avenues dont est sillonnée la ville de Hanoi.

Le plus gros effort, pour arriver à former ces belles plantations, nous paraît avoir été donné pendant les années 1906 à 1910. Il reste encore promettant pour l'avenir, si l'on considère la quantité de plants qui existent actuellement en pépinières. Il ne sera pas difficile de leur trouver une place utile, par suite du nombre de rues qui sont encore complètement dépourvues d'arbres.

A ce sujet, il faut que nous disions cependant, que par suite de leur peu de largeur, la majorité des rues sillonnant les anciens quartiers indigènes ne pourront être complantées en arbres. Par contre, nous avons connu des artères assez importantes qui étaient assez bien embragées et où il ne reste plus aujourd'hui que quelques vestiges de plantations, telle que la Rue Paul-Bert, pour ne citer que celle-là. En constatant un manque d'esthétique, il ne nous serait pas indifférent de connaître le ou les motifs qui ont présidé à l'enlèvement des arbres qui existaient et qui n'ont pas été remplacés par d'autres.

Les arbres qui nous paraissent donner le plus d'ombrage actuellement sont les Bischoffia et les Amoora. Mais nous pensons que cet avantage n'est que secondaire, si l'on considère que le pays étant très humidé pendant les premiers mois de l'année, la ville de Hanoi gagnerait à n'avoir que des arbres à feuilles caduques.

Les Celtis Australis, les Tamarindus indica, les Sapindus édulis ou Saponaria, les Cytarexylum quadrangularis, les Liquidambar formosana, les Acacia lebeck, les Terminalia procera, seraient à notre avis ceux qui pourraient le mieux répondre aux besoins.

En effet, presque toutes ces essences perdent leurs feuilles en automne et la feuillaison n'a lieu qu'au printemps. Pendant la saison d'hiver, le feuillage n'empêcherait donc pas le soleil de sécher les appartements trop souvent rendus humides par le crachin si pénétrant. Pendant la saison d'été, les arbres protégeraient des rayons ardents du soleil C'est d'ailleurs un double rôle bienfaisant que l'on semble avoir compris, puisque nous voyons disparaître peu à peu le Bischoffia, essence qui donne de l'ombre par excellence, pour faire place à l'une de celles désignées plus haut.

Il nous a été donné de faire quelques autres remarqués sur les essences suivantes :

Le Tamarindus indica forme de belles avenues, mais il est trop facilement déraciné par les coups de vents plus ou moins violents en été. Même observation pour le Cytharexylum quadrangularis.

Le Liquidambar formosana semble préférer les terrains plus ou moins frais.

Les Bischoffia et les Amoora attirent trop d'humidité dans les appartements par suite de leur feuillage épais.

Le Poinciana régia ne présente qu'un intérêt secondaire par ses fleurs superbes Il s'étend trop par ses racines qui soulèvent tous les trottoirs. A ne planter que dans les lieux dépourvus de constructions.

Pour les Avenues très larges, le Terminalia procera peut convenir à raison de son port qui est assez joli.

Le Celtis Australis et le Sapindus édulis, ainsi que le Liquidambar formosana, conviendront pour toutes les rues et boulevards assez larges. Le Liquidambar ne devra cependant pas être planté dans les terrains trop humides.

Dans les rues suffisamment abritées des coups de vent, le Tamarindus formera de belles allées, même en mélange avec le Sapindus.

L'Acacia lebeck paraît convenir à toutes les situations.

Il est bien entendu que ces remarques ne s'appliquent qu'aux plantations actuellement existantes à Hanoi, et qu'il sera toujours possible d'introduire d'autres essences donnant les meilleurs résultats.

Pour ne rien changer au cadre du tableau ci-joint, nous avons laissé subsister le nom des rues qui n'étaient pas encore ou que très peu garnies d'arbres. Le jour où ces rues seront aussi bien plantées que les autres, le moyen sera donné d'en évaluer le nombre d'arbres, du fait que nous indiquons la longueur des rues, et sachant que la distance des plants est généralement de 6 à 8 mètres. La distance de 8 mètres est la plus exacte en ce qui concerne les plantations actuelles.

Les gros écarts de dimensions (diamètre et hauteur) que l'on pourrait constater dans le tableau ci-joint, proviennent, comme on doit bien s'en douter, de ce que tous les arbres n'ayant pas été plantés en même temps et n'ayant pas le même âge, il en résulte forcément qu'ils doivent avoir des dimensions inégales ; dimensions que nous ne donnons d'ailleurs que d'une façon très approximative, tout en nous efforçant de nous rapprocher le plus possible de la réalité.

Beaucoup d'arbres de nos rues sont encore relativement jeunes. Ceux qui ont été plantés de 1906 à 1910 peuvent avoir au plus de 8 à 10 ans. Mais si dans 5 ou 6 ans les typhons n'ont pas fait de ravages, laville de Hanoi possèdera plus tard un rideau vraiment protecteur, les arbres de la digue Parreau et ceux des routes circulaires de la banlieue formant le premier abri.

Il serait à souhaiter que les dispositions prises pour la ville de Hanoi puissent s'étendre dans tous les chefs-lieux de provinces et agglomérations plus ou moins importantes, ainsi que tout le long des routes et cours d'eau qui sillonnent le territoire, principalement le delta qui manque en réalité de ce premier élément de défense contre les inondations.

Tout en faisant des éloges pour les plantations de la ville de Hanoï, nous ne saurions passer sous silence le Jardin Botanique qui est tenu d'une façon parfaite et qui nous a servi de champ d'études. C'est une bonne école pour ceux qui veulent connaître une partie de nos arbres de la Colonie. Nous souhaitons que cette école ne fasse que prospérer, en multipliant l'incorporation d'essences nouvelles. Les professeurs pourront y trouver l'occasion de donner de belles et profitables leçons de choses à leurs élèves.

Meunier, en parlant de l'arbre, dit que « c'est l'ami de l'homme. Sa fonction est de régulariser le régime des eaux. Ses racines retiennent, emmagasinent dans le sol l'eau qui tombe du ciel, et la montagne boisée est ainsi merveilleux agent d'irrigation ».

La Fontaine qui aimait autant les arbres que les animaux, en a fait aussi un bel éloge dans sa fable intitulée : L'homme et la couleuvre.

.... Il servait de refuge
Contre le chaud, la pluie et la fureur des vents ;
Pour nous seuls, il ornait les jardins et les champs.
L'ombrage n'était pas le seul bien qu'il sût faire !
Il courbait sous les fruits. Cependant pour salaire,
Un rustre l'abattait : C'était là son loyer.
Quoique pendant tout l'an, libéral il nous donne
Ou des fleurs au printemps, ou des fruits en automne,
L'ombre l'été ; l'hiver, les plaisirs du foyer ".....

Voici ce que nous dit encore de l'arbre André Theuriet :

...., Savez-vous ce que c'est qu'un arbre ? C'est un être vivant comme vous et moi. C'est la joie de la terre à laquelle il donne l'eau des sources qui arrosent et l'humus qui la féconde ; c'est la santé de l'air que sa verdure purifie. Un bel arbre, c'est une fête pour les yeux et des milliers d'arbres, cela fait la forêt, le manteau de la terre, cette richesse d'une nation ! Un pays qui n'a plus de forêts, est un pays fini !... Un arbre, mais c'est la charpente de votre maison, c'est la chaleur de votre foyer qui vous donne un soleil en plein hiver...... "

Messieurs : Reynard, dans son livre " L'Arbre ", E. Cardot, dans le " Manuel de l'Arbre ", O. Reclus, dans le " Manuel de l'Eau ", et plusieurs autres auteurs ont su à leur tour compléter la poésie sur l'Arbre.

Il est de notre devoir, à nous aussi, de faire tout notre possible pour aider à faire connaître, aimer et respecter ceux que l'on fête maintenant un peu partout, sauf en Indochine.

Paris, Juillet 1911.

J. PRADES

INVENTAIRE

des

plantations de la ville de Hanoi en 1910-1911

Désignation des Avenues, boulevards, rues, squares, promenades, et longueur de ces voies.	NOMS DES ESSENCES		Dimensions		Observations diverses
	Scientifique	Annamite	Hauteur (mètres)	Diamètre (centimètres)	
Boulevard Amiral Courbet 775 mètres	Bischoffia Tonk.	Nhội	10-12	30-40	Semble craindre l'humidité.
	Sapindus édulis	Sấu	6-8	10-15	Réussit à peu près partout.
	Albizzia Lebeck	Muồng	8-10	25-35	Des Légumineuses.
Boulevard Armand-Rousseau 1100 m.	Celtis australis	Séou	5-6	10-15	Perd ses feuilles en Nov. Déc.
	Terminalia procera	Bẳng	4-5	10-15	Forme de belles avenues.
Boulevard de Bac-Ninh 360 m.	Sapindus édulis	Sấu	4-6	10-15	Pousse très droit — Rameaux touffus.
	Tamarindus indica	Mẹ	8-10	20-30	Craint trop les coups de vent.
	Celtis australis	Séou	12-15	30-40	Forme de belles avenues même en mélange avec le Sapindus,
	Bischoffia sp.	Nhội	10-12	30-40	Gagne à être remplacé par le Sapindus et le Celtis,
	Mélia azédérach	Xoàn	10-12	20-30	Fructification en Octobre-Novembre.
Rue des Balances 156 m.	Terminalia procera	Bẳng	10-12	30-40	Badamier.
Rue Balny 365 m.	Sapindus édulis	Sấu	5-6	10-15	Faux litchi
	Tamarindus indica.	Mẹ	8-10	20-30	Fleurs jaunes très odorantes.
Rue des Bambous 280 m.					
Rue de la Banque	Terminalia procera	Bẳng	10-12	20-30	Badamiers — Rameaux verticillés.
Ave. Beauchamp 420 m.	Acacia sp.		6-8	15-20	Floraison en décembre, Fructification — Février Mars,
	Sapindus édulis	Sấu	4-6	15-20	Fruit saponifère.
	Tamarindus sp.	Mẹ	8-10	15-25	Les gousses sont employées en lotion pour cheveux.
	Ficus sp.	Dà	6-8	20-25	Arbre à caoutchouc.
Ave Bichot 875 m.					
Route du Blockhaus Nord 670 m.					

Désignation des Avenues, boulevards rues, squares, promenades, et longueur de ces voies,	NOMS DES ESSENCES		Dimensions		Observations diverses
	Scientifique	Annamite	Hauteur (mètres)	Diamètre (centimètres)	
Bd. Bobillot 580 m.	Sapindus édulis	Sấu	3-4	5-10	Bel arbre d'avenue.
	Bischoffia Tonkinensis	Nhội	10-12	30-40	Feuilles se renouvellent principalement en hiver, mais l'arbre en est toujours garni.
	Acacia Lebeck	Muông	8-10	25-35	Fructification — Octobre à Décembre.
Rue Boissière 40 m.	Sapindus Saponaria	Bồ hòn	10 - 10	25-35	Tronc droit. Des Sapotacées.
Rue Borgnis-Desbordes 800 m.	Poinciana régia	Kim phương	10-12	35-40	Jolies fleurs rouges.
	Bischoffia Tonkinensi	Nhội	7-10	25-35	Remplacés au fur et à mesure qu'ils périssent par des Sapindus.
	Sapindus édulis	Sấu	4-6	15-20	Vient très bien. — Appelé à remplacer Tamarindus et Bischoffia.
	Tamarindus indicas	Mẹ	4-6	30-35	Ne résiste pas aux forts coups de vent. Est remplacé par le Sapindus,
	Terminalia procera	Bằng	5-7	5-10	Réussit très bien, droit. Plantalion de 1908 et 1909.
Rue des Briques 300 m.					
Rue de la Briquetterie 150 m.	Liquidambar Formosana	Sào	3-5	5-10	Platane d'Orient.
Rue des Caisses 115 m.					
Rue des Cantonnais 138 m.					
Rue du Capitaine Labrousse 125 m.					
Bd. Carnot 1240 m.	Bischoffia Tonki.	Nhội	6-8	30-35	Double rangée sur le côté gauche en sortant du Jardin Botanique. Rangée simple sur l'autre côté. Forme une belle avenue.

Désignation des Avenues, boulevards, rues, squares, promenades, et longueur de ces voies.	NOMS DES ESSENCES		Dimensions		Observations diverses
	Scientifique	Annamite	Hauteur (mètres)	Diamètre (centimètres)	
	Sapindus édulis	Sấu	4-6	10-15	Remplace les Bischoffia au fur et à mesure qu*ils périssent.
	Terminalia procera	Bẳng	4-6	10-15	Chute des feuilles en Décembre — Janvier.
Bd Carreau 1780 m.	Celtis australis	Séou	10 12	25 -35	Micocoulier — Belles allées — Feuillea caduques.
Rue des Changeurs 310 m.					
Rue du Chanvre 245 m.	Terminalia sp.	Bẳng	20-25	40-50	Arbre isolé - Beau sujet - Feuillaison : Février-Mars
Rue des Chapeaux 220 m.					
Rue du Charbon 330 m.					
Rue de la Chaux 515 m,	Liquidambar sp.	Sào	4-6	10 15	Platane d'Orient venant de Pho-Vy (1905) et recommandé par M. Prades.
Passage de la Rue de la Chaux 31 m.	Liquidambar sp.	Sào	4-6	10-15	Provenant de Pho-Vy sur recommandation de M. Prades.
Ave. Chavassieux 210 m.	Albizzia Lebeck	Muồng	5-6	20-30	Des Légumineuses. Fruct: Janvier.
	Acacia Sulfurea	Thanh Tức Hoa	7-10	20-30	Fleurs en Nov. Déc.
Route du Cimetière 830 m.	Mélia sp,	Xoàn	10-12	25-30	Fruits tombent en Déc.
	Terminalia procera	Bẳng	3-4	5-10	Très nombreux.
	Inga sp.	Muồng rút	8-10	20-25	Forme de belles haies.
Rue de la Citadelle 470 m.	Bischoffia Tonk.	Nhội	10-12	35-40	Fruits en grappes. Feuilles persistantes. - Floraison en Février.
Cité nouvelle	Terminalia sp.	Bẳng	4-6	10-15	Feuilles tinctoriales.
Quai du Commerce et son prolongement jusqu'à l'Usine des Chedittes	Terminalia procera	Bẳng	4-6.	10-15	Badamier.
	Zizyphus vulgaris	Tào	3-4	20-25	Jujubier,
	Sapindus édulis	Sấu	6-8	20-25	Savonnier.
	Nephelium litchi	Nhãn	4-6	25-30	Litchi.
	Poidium piriferum	Ổi	3-5	15-20	Goyavier

Désignation des Avenues, boulevards rues, squares, promenades et longueur de ces voies.	NOMS DES ESSENCES		Dimensions		Observations diverses
	Scientifique	Annamite	Hauteur (mètres)	Diamètre (centimètres)	
	Poinciana régia	Kim phương	8-10	25-30	Flamboyant.
	Bombax sp.	Gòn	10-12	25-30	Kapok.
	Mélia Azédérach	Xoàn	10-12	20-25	Lilas des Indes. Chute des feuilles en Oct. Nov.
R. de la Concession 166 m.	Poinciana régia	Kim Phương	15-20	25-30	Des légumineuses Fruits: Oct. à Décembre.
R. du Coton 625 m.	Amoora sp.	Gội	10-12	30-40	A planter direction Nord-Sud pour diminuer humidité dans les habitations. Fruits en Décembre formés en grappe.
	Poinciana régia	Kim phương	10-15	30-35	Deux sujets seulement.
R. des Cuirs 175 m.	Bischoffia Tonk.	Nhội	8-10	30-40	Fruits en grappe presque toute l'année: Donne beaucoup d'ombrage.
R. du Cuivre 320 m.	Amoora sp.	Gội	10-12	30-35	Donne trop d'humidité dans les habitations.
R. de la Cathédrale	Bischoffia sp.	Nhội	10-12	35-40	Remplacer tous les Bischoffia et Tamarindus par des sapindus et Celtis. Le Bischoffia périt vite et les Tamarindus sont trop facilement déracinés par le vent.
Digue partant de la Pagode du Gd. Bouddha et rejoignant le quai du Fleuve	Terminalia procera	Bằng	3-4	8-10	Chute des feuilles Nov. Décembre.
	Ficus sp.	Đá	3-4	8-10	Arbre à caoutchouc.
	Poinciana régia	Kim phượng	6-7	25-30	Jolies fleurs rouges.
	Bombax sp.	Gạo	6-8	25-30	do
Ave. Dominé 215 m.					
Bd. Dong-Khanh 650 m.	Sapindus sp.	Sấu	6-8	10-15	Faux litchi.
	Tamarindus ind.	Mẹ	8-10	25-30	Jolies fleurs jaunes odorantes.
Bd. Doudard de Lagrée 550 m.	Scytharexyllum quadrangularis	Hoà Sư tấy trắng	8-10	20-25	Fleurs et fruits en grappe
	Celtis australis	Séou	5-6	8-10	Chute des feuilles Oct. à Décembre.

Désignation des Avenues, boulevards rues, squares, promenades, et longueur de ces voies.	NOMS DES ESSENCES		Dimensions		Observations diverses
	Scientifique	Annamite	Hauteur (mètres)	Diamètre (centimètres)	
R. de l'Ecole de Médecine 280 m,	Celtis australis	Séou	5.6	8.10	Feuillaison : Janvier — Février.
R. de l'Est 1090 m.	Poinciana régia	Kim phương	10.12	40-45	Flamboyant.
	Terminalia procera	Bằng	6-8	30-35	Badamier.
	Mélia azédérach	Xoàn	15-20	25.30	Lilas des Indes.
	Ficus religiosa	Si	6-8	25-30	Figuier des Pagodes.
	Scytarexyllum quad.	Hoà su tấy trắng	6-8	20-25	Fleurs très odorantes.
	Néphelium litchi	Nhãn	6.8	30-35	Fruit comestible.
R. des Etoffes 220 m.	Terminalia procera	Bằng	6-8	20.30	Feuilles en Fév. — Mars.
R. des Eventails 220 m,					
Bd. Félix-Faure 1220 m,	Sapindus édulis	Sấu	4.5	10-15	Plantation de 1908 — Bonne réussite. Forme belle avenue — Feuilles persistantes.
R. Fellonneau 238 m.	Tamarindus indica	Mẹ	8.10	25-30	Quelques arbres isolés.
R. des Ferblantiers 135 m.	Terminalia sp.	Bằng	8-10	25-30	Quelques arbres isolés.
R. des Forgerons 125 m.	Poinciana régia	Kim phương	10.15	30-35	Quelques arbres isolés.
		Terminalia sp.	4.6	15-20	
R. de France	Sophora japonica		15.20	35-40	Chute des feuilles en Janv.
Bd. Francis-Garnier 860 m-	Sapindus édulis	Sấu	6-8	20-25	Feuilles persistantes.
	Tamarindus ind ca	Mẹ	8-10	15-20	Des légumineuses.
Bd. Gambetta 1840 m.	Albizzia Lebeck	Muồng	10-12	20-25	Fruits en Janvier.
	Bischoffia Tonk.	Nhội	8-10	25-30	
	Sapindus édulis	Sấu	4-6	5-10	

Désignation des Avenues, boulevards, rues, squares, promenades et longueur de ces voies.	NOMS DES ESSENCES		Dimensions		Observations diverses
	Scientifique	Annamite	Hauteur (mètres)	Diamètre (centimètres)	
	Tamarindus indica	Mẹ	8-10	25-30	Fruits en Octobre.
	Poinciana sp.	Kim phương	12-14	30-35	Fruits en Octobre - Nov-
R. du Général de Badeus 638 m.					
R. du gd. Marché	Terminalia procera	Bàng	6-8	25-30	Fruits en Juin
Bd. Gia-Long 480 m.	Sapindus édulis	Sấu	5-6	5-10	Bel ombrage.
	Tamarindus sp.	Mẹ	8-10	25-30	
R. des Graînes 200 m.					
Route du gd. Bouddha 1300 m.	Ficus sp.	Đà	6-8	20-25	Faux caoutchouc.
	Inga sp.	Keo tay	10-12	20-25	Forme de belles haies.
	Bischoffia Tonk.	Nhội	8-10	25-30	Chute des feuilles en déc. Janvier. Floraison en février.
	Poinciana régia	Kim phương	12-14	35-40	Flamboyant.
	Terminalia procera	Bàng	10-12	30-35	Badamier.
R. de Ha-Trung 210 m.					
Bd. Henri d'Oréans 1119 m.	Terminalia procera	Bàng	4-5	10-15	Plantés en 1908.
Bd. Henri Rivière 1125 m.	Sapindus édulis	Sấu	4-6	10-15	
	Tamarindus indica	Mẹ	8-10	30-35	Aime la lumière.
	Terminalia procera	Bàng	4-6	10-15	Grandes feuilles tinctoriales.
Ruelle de Hoi-Vu 251 m.					
Route de Ha-Dong	Terminalia sp.	Bàng	6-8	25-30	Feuilles caduques.
	Bischoffia Tonk.	Nhội	6-8	25-30	
	Mélia azédérach	Xoàn	10-12	20-25	Fruits en Nov. Déc.
	Poinciana régia	Kim phương	10-12	25-30	Couvert léger.

Désignation des Avenues, boulevards, rues, squares, promenades et longueur de ces voies.	NOMS DES ESSENCES		Dimensions		Observations diverses
	Scientifique	Annamite	Hauteur (mètres)	Diamètre (centimètres)	
R. de l'Hôpital chinois 260 m.	Terminalia sp.	Bàng	4-6	10-15	Couvert assez épais.
Route de Huê 1190 m,	Terminalia procera	Bàng	8-10	10-15	Les indigènes mangent le fruit.
R. de l'Hôpital militaire en partant du Bd Armand-Rousseau	Terminalia procera	Bàng	4-6	10-10	Plantés en 1907 et 1908.
Impasse de l'Imprimerie 147 m.					
R. de l'Intendance 196 m,					
Bd. Jauréguibéry 825 m.	Celtis australis	Séou	3-4	5-10	Plantés en 1909 - 1910 Bonne réussite.
Cité Jauréguibéry					
R. Jean-Dupuis 205 m,	Amoora sp.	Gội	12-15	35-40	Feuilles persistantes.
	Mélia sp.	Xoàn	12-15	30-35	Feuilles caduques.
	Poinciana régia	Kim phương	12-15	35-40	
	Nephelium sp.	Nhãn	8-10	30-35	Rameaux épais.
R. Jules-Ferry 650 m.	Sapindus édulis	Sấu	6-8	15-20	Les indigènes mangent le fruit.
	Tamarindus indica	Me	8-10	25-30	Craint les coups de vent.
R. du Lac 215 m.					
Ruelle de la Laque 90 m.					
R. Laubarède 190 m.	Poinciana régia	Kim phương	10-12	25-30	
R. Leclanger 240 m.	Albizzia lebeck	Muông	8-10	25-30	Fruit : gousse en Nov. Décembre.
Route Mandarine 750 m,	Terminalia sp.	Bàng	10-12	35-40	Bois ordinaire.

Désignation des Avenues, boulevards rues, squares, promenades et longueur de ces voies.	NOMS DES ESSENCES		Dimensions		Observations diverses
	Scientifique	Annamite	Hauteur (mètres)	Diamètre (centimètres)	
R. du Marché Neuf 172 m.					
R. du Monument de France	Liquidambar Formosana	Sào	5-6	10-15	Feuilles caduques.
R. des Médicaments 312 m.	Nephelium litchi	Nhãn	6-8	30-35	Litchi.
R. de la Mission 550 m.	Nephelium litchi	Nhãn	6 8	30-35	
	Mélia sp.	Xoàn	8-10	25-30	Fleurs très odorantes.
R. des Nattes 65 m.	Amoora sp.	Gội	8-10	25.30	Fruits en grappes, rouges à maturité.
R. Neyret 250 m.	Amoora sp.	Gội	8-10	25-35	
Square Neyret	Bischoffia Tonk.	Nhội	6-8	25-30	
	Nephelium litchi	Nhãn	4-6	30.35	
	Amoora sp.	Gội	80 10	25.30	
	Caryota urens				
	Jatropha curcas				
Ruelle de Ngo-Ngang 80 m.					
Square Négrier	Terminalia sp.	Bàng	6-8	20-25	
	Tamarindus indica	Mẹ	8-10	20-25	
	Nephelium litchi	Nhãn	4-6	25-30	
	Sapindus édulis	Sấu	5-7	20-25	
	Sapindus Saponaria	Bồ hòn	8-10	25-30	
R. du Nouveau Marché des Bambous					
Square Paul-Bert	Celtis australis	Séou	10-1[illegible]	12-30	
	Acacia sp.				

Désignation des Avenues, boulevards, rues, squares promenades et longueur de ces voies	NOMS DES ESSENCES		Dimensions		Observations diverses
	Scientifique	Annamite	Hauteur (mètres)	Diamètre (centimètres)	
	Terminalia sp.	Bàng	8-10	25-30	
	Elœis sp.				
	Sophora japonica				
	Syndapsus sp.				
R. du Palais de Justice 280 m,	Terminalia sp.	Bàng	4-6	5-10	Jeunes sujets.
	Mélia sp.	Xoàn	4-6	5-10	
	Cinnamomum camphora	Rạ hương	3-7	15-20	Camphrier.
	Celtis australis	Séou	3-4	8-10	
R. des Paniers 275 m.					
R. du Papier 215 m.					
Digue Parreau	Terminalia sp.	Bàng	6.8	25.30	Chute des feuilles en déc.
	Alotonia sp.	Sũa	8-10	25-30	Fleurs : Octobre. Fruits: Janvier, Février.
	Poinciana régia	Kim phương	10-12	30-35	
	Albizzia lebeck	Muông	8-10	30-35	
	Bischoffia Tonk.	Nhội	8.10	30-35	
R. Paul-Bert 540 m.	Sapindus édulis	Sấu	6-8	15-20	Disparaissent de plus en plus.
	Tamarindus indica	Mẹ	6-8	20-25	
	Scytharexyllum quadrangularis	Hoà su tay trang	8-10	25.30	
R. Pavie 380 m.	Scytharexyllum quadrangularis	Hoà sư tay trắng	10-12	25-30	
	Sapindus èdulis	Sấu	4-6	8-10	
R. des Pavillons Noirs 250 m,					
Ruelle de Phat-Loc 193 m,					

Désignation des Avenues, boulevards, rues, squares promenades et longueur de ces voies	NOMS DES ESSENCES		Dimensions		Observations diverses
	Scientifique	Annamite	Hauteur (mètres)	Diamètre (centimètres)	
R. de Phuc-Yen 170 m.	Nephelium sp.	Nhãn	5-6	25-30	Sujets isolés.
	Poinciana régia	Kim phượng	8 10	30-35	
	Terminalia procera	Bàng	6-8	25-30	
Rue de la Philharmonique	Tamarindus indica	Mẹ	8-10	25-30	Enracinement peu profond.
R. de Phuc-Nghia					
R. des Pipes 210 m.	Bischoffia Tonk.	Nhội	8-10	35-40	A remplacer par des Sapindus.
R. de la Poissonnière 250 m.					
R. du Pont en bois 50 m.					
Rue Pottier 80 m.	Sapindus édulis	Sấu	6-8	15-20	En mélange.
	Tamarindusindica	Mẹ	8-10	25-30	
Av. Puginier 1425 m.	Sapindus édulis	Sấu	4-6	5-7	Plantés en 1908. Belle allée ombragée.
	Ficus élastica	Đà	3-4	5-7	Plantés en 1909 — Paraissent souffrir.
	Tamarindus indica	Mẹ	5-6	25-30	Remplacés en 1909 par Sapindus.
	Poinciana régia	Kim phượng	8-10	30-35	Remplacés do
R. des Radeaux 175 m.					
Bd. Rialan 730 m.	Celtis australis	Séou	8-10	30-35	Micocoulier.
R. Richaud 470 m.	Sapindus édulis	Sấu	6-8	10-15	Ont remplacés Tamarindus déracinés par le vent.
	Tamarindus indica	Mẹ	6-8	30-35	Disparaissent peu à peu
	Acacia leback	Muông	10-12	35-40	Fructificat : Nov. Déc.
R. du Riz 150 m.					

Désignation des Avenues, boulevards rues, squares, promenades, et longueur de ces voies,	NOMS DES ESSENCES		Dimensions		Observations diverses
	Scientifique	Annamite	Hauteur (mètres)	Diamètre (centimètres)	
Bd. Rollandes 1250m	Sapindus édulis	Sấu	4-6	10-15	En mélange.
	Bischoffia Tonk.	Nhội	12-14	35-40	
	Tamarindus indica	Mẹ	6-8	20-25	
Rlle de Sam-Cong ou R. des Voiles 37 m.					
R. du Sel	Terminalia procera	Bàng	5-6	15-20	
R. de la Saumure 115 m.					
R. des Seaux 50 m.	Bischoffia Tonk.	Nhội	10-12	25-30	
Rte de Sinh-Tu 510 m.	Terminalia sp	Bàng	8-10	25-30	
R. de la Société Foncière	Terminalia sp.	Bàng	4-6	25-30	
R. de la Soie 195 m.					
R. du Song-To-Lich 255 m.					
Route de Sontay 280 m.	Ficus élastica	Đa	3-4	6-10	Plantés en 1909.
	Ficus religiora	Si	6-8	25-30	
	Acacia lebeck	Muông	6 8	20-25	Plantés en 1902.
	Terminalia sp.	Bàng	8-10	25-30	
R. de Takou 380 m.	Bischoffia Tonk.	Nhội	10-12	35-40	En mélange.
	Sapindus édulis	Sấu	4-6	10-15	
	Tamarindus indica	Mẹ	8-10	25-30	
	Amoora sp.	Gội	10-12	25-30	
	Nephelium sp.	Nhãn	6-8	30-40	
	Terminalia procera	Bàng	8-10	15-20	
R. des Tasses 90 m.					
R. des Tubercules	Terminalia sp.	Bàng	4-6	10-15	Sujets isolés.
	Ficus sp.	Đa	8-10	30-40	

Désignation des Avenues, boulevards, rues, squares, promenades et longueur de ces voies.	NOMS DES ESSENCES		Dimensions		Observations diverses
	Scientifique	Annamite	Hauteur (mètres)	Diamètre (centimètres)	
R. des Teinturiers 940 m.					
R. de Thach-An					
R. de Thanh-Giam					
R. de Tien-Tsin 300 m.	Bischoffia Tonkinois	Nhội	6-8	25-30	Mélanges.
	Sapindus édulis	Sấu	4-6	10-15	
	Terminalia procera	Bàng	6-8	15-20	
	Amoora sp.	Ken	8-10	20-30	
Rue Tirant 185 m.					
R. de Truc-Lac					
R. de Van-Ho					
R. des Vases 68 m.					
R. des Vermicelles 345 m.	Terminalia sp.	Bàng	6-8	15-20	
R. des Vers-blancs 220 m.					
Bd. Victor-Hugo 925 m,	Terminalia sp.	Bàng			
	Sapindus édulis	Sấu			
R. Vieille des Tasses 90 m.	Terminalia procera	Bàng	10-12	30-35	Sujets isolés.
	Nephelium litchi	Nhãn	8-10	25-35	
	Poinciana régia	Kim phượng	12-15	30-40	
R. du Vieux Marché 100 m.	Terminalia sp.	Bàng	10-12	30-40	
Rte du Village du Papier					

Désignation des Avenues, boulevards, rues, squares, promenades, et longueur de ces voies.	NOMS DES ESSENCES		Dimensions		Observations diverses
	Scientifique	Annamite	Hauteur (mètres)	Diamètre (centimètres)	
Rue des Voiles 300 m.	Terminalia procera	Bàng	10-12	30.40	Sujets isolés.
R. de Vong-Duc 140 m.					
R. de Yen-Thanh 440 m.					
R. de Yen-Tinh					
Voie nº 44					
Voie nº 18					
Voie nº 64	Liquidambar formos.	Sào	6-8	15-20	Proviennent de Pho-Vy-Désignés par M.Prades. Elevés en pépinière de 1906. à 1908—Essence de lumière à terrain peu humide.
Allée conduisant au Champ de Courses en partant du tramway	Terminalia sp.	Bàng	4-6	5-10	Jeunes sujets.
	Alstonia scholaris	Sữa	6-8	15-20	Fleurs à forte odeur.
Route allant du Magasin aux Chedittes jusqu'au poste de Milice du Village du Papier	Inga sp.	Keo tay	8-10	15-25	Haies
	Scytarexylum quadraugularis	Hoà su tay trang			
	Poinciana régia	Kim phượng			Fruits : Décembre-Janv.
	Celtis australis	Séou			
	Ficus sp.	Đa			
	Mélia azédérach	Xoàn			
	Terminalia procera	Bàng			Jeunes sujets plantés en 1907 ou 1908.
	Albizia lebeck	Muông			
	Parkia bigl.				
	Alstonia scholaris	Sữa			
	Tectona grandis				
	Bauhinia sp.				
	Aleurites mollucana	Trầu	10-12	25-35	

Désignation des Aveuues, boulevards, rues, squares, promenades, et longueur de ces voies.	NOMS DES ESSENCES Scientifique	Annamite	Dimensions Hauteur (mètres)	Diamètre (centimètre)	Observations diverses
Route allant du Poste précité à la Route de Sontay	Bischoffia Tonk.	Nhội	6-8	25-35	En mélange
	Nephelium litchi	Nhãn	6-8	15-20	
	Alstonia scholaris	Sữa	4-6	10-20	
	Sterculia fœtida	Trôm	10-12	20-30	
	Amoora sp.	Gội	8-10	25-30	
	Bombax sp.	Gòn	6-8	20-30	
	Poinciana régia	Kim phượng	6 8	15-25	
	Tamarindus indica	Me	8-10	20-30	
	Mélia azédérach	Xoàn	4-6	15-20	
	Terminalia procera	Bàng	6-8	15-20	
	Parkia sp.		8I10	20-25	
	Albizzia lebeck	Muông	4-6	10-15	Chute des feuilles en Mars
	Sapindus édulis	Sấu	4-6	5-10	
	Celtis australis	Séou	8-10	20-30	
De la Route de Sontay à la Route de Ha-Dong en partant du Pont du Papier	Stepculia fœtida	Trôm	8-10	20.30	En mélange. Pantés en 1908 ou 1909.
	Alstonia scholaris	Sữa	6-8	15-20	
	Parkia sp.		4-6	10-15	
	Albizzia Lebeck	Muông	6-8	20.30	
	Bischoffia Tonk.	Nhội	6-8	20-30	
	Terminalias procera	Bàng	4-6	0-25	
	Stillingia sebifera	Sòi	3-4	15-20	
	Bombax sp.	Gòn	6-8	20-25	
	Mélia sp.	Xoàn	6-8	20-25	
	Tamarindu indica	Mẹ	6-8	15-20	
	Albizzia sp.	Muông	4-6	10-15	

Désignation des Avenues, boulevards rues, squares, promenades, et longueur de ces voies.	NOMS DES ESSENCES		Dimensions		Observations diverses
	Scientifique	Annamite	Hauteur (mètres)	Diamètre (centimètres)	
Allées partant de la Cage aux Tigres jusqu'à l'entrée du Jardin Botanique par l'Avenue Carnot	Corypha sp.		3-4	45-50	Des palmiers
	Cinnamomum sp.	Rạ bương	10-12	35-40	Des lauriners
	Bauhinia alba	Ngò bông nao			Des légumineuses cœsalpinées.
	Manillot glazovii		8-10	20-25	Des euphorbiacées. Fruits Novembre.
	Scytarexylum. sp.	Hoa sú tay trang	6-8	10-15	Fleurs blanches très odorantes.
	Melaleuca sp	tràm			Des myrthacées.
	Caryota urens	Móc			Palmier.
	Bombax malabaricum	Gạo	15-20	55-60	Des malvacées.
	Mélia azédérach	Xoàn			Des méliacées.
	Bixia sp.				Des Bixacées-Rocouyer. —Jolies fleurs.
	Sterculia fœtida	Trôm	10-12	25-30	Des malvacées.
	Nephelium longamum	Nhãn	4-5	40-45	Des Sapindacées.
	Poinciana sp.	Kim phương			Flamboyant.
	Cryptostegia sp.				Liane — Des asclépiadées.
	Prosopis dulcis				Des légumineuses.
	Argyreia splendens				Liane - Des convolvulacées.
	Landolphia florida				Liane - Des Apocynées.
	Ficus sp.		6-8	20-25	Des Artocarpées.
	Dipterocarpus sp.		15-20	25-30	Des diptérocarpées.
	Inga Saman	Kéo tay	20-25	80-90	Des légumineuses - mimosées.
	Adenanthera pavonica	giàng giàng	15-20	30-35	id
	Lagertræmia coch.	Bằng lăng			Jolies fleurs mauves.
	Cocus nucifera	Dũa			Cocotier.

Désignation des Avenues, boulevards rues, squares, promenades et longueur de ces voies.	NOMS DES ESSENCES		Dimensions		Observations diverses
	Scientifique	Annamite	Hauteur (mètres)	Diamètre (centimètres)	
	Hipomea sidœfolia				Liane - Des Convolvulacée.
	Ficus élastica	Đa			Arbre à latex de Snmatra.
	Kickxia élastica				Des Apocynées.
	Kompitsia élastica				Liane à caoutchoue
	Castilloa élastica				Des Artocarpées.
	Diospyros sp.	Hông			Des Ebénacées.
	Chamœrops élégans	Chà là			Des palmiers - Argente
	Hévéa Brasiliensis		10-12	20-5	Des Euphorbiacées.
	Taxodium sempervirans	Thuy Thung			Allure moins belle que celle du Taxodium distichum.
	Thrînax argentera				Palmiers encore jeunes.
	Chamœrops excelsa	Có			
	Areca flammula	Cau			
	Livistoniaolivœformis				
	Gleditsehia Sinensis	Bồ Két			Des Légumineuses cœsalpinées.
	Areca rubra	Cau			Aréquier rouge.
	Cerbera thelvetia				Des Apocynées -- Employé pour les haies.— Petite plante à fleurs jaunes.
	Thrinax élégans				Palmier - Encore jeune.
	Lonchocarpus formosana				Des Légumineuses papillonnacées.
	Phænix rebenié		10-12	25-30	Palmiers.
	Roystomia régia				
	Tabarnanthe iboga				Iboga - Des Apocynées.
	Phœnix dactylifera				Dattier.

ésignation des ues boulevards, ues, squares, omenades, et ngueur de ces voies.	NOMS DES ESSENCES		Dimensions		Observations diverses
	Scientifique	Annamite	Hauteur (mètres)	Diamètre (centimètres)	
	Milletia Ichtyoctona	Thắn mát			Des Légumineuses papillonacées.
	Parkia sp.				Des Légumineuses mimosées.
	Colosenthes indica		6-8	10-15	Des Bignonacées.
	Cassia alata				Des Légumineuses cœsalpinées.
	Pittospermum sp.				Des Pittosporées.
	Thespesia populnea				Des Malvacées - Fruits : Oct. Nov.
	Amoora sp.	Gội	15-20	25-30	Des Méliacées.
	Jatrophia curcas				Des Euphorbiacées.
	Nephelium litchi	Nhãn	6-8	40-50	
	Kigelia pinnata		5-6	10-15	Des Bignonacées.
	Broussonnetiapapyrif.	Rương	6-7	10-15	Des Ulmacées.
	Bischoffia sp.	Nhội	6-8	30-35	
	Kayea eugenifolia		5-6	10-15	Des Guttifères.
	Elœis guinéensis		5-6	45-50	Palmiers.
	Dipsis pinnatifons				
	Ziziphus vulgaris	Táo			Jujubier.
	Sapindus édulis	Sấu	10-12	30-35	Des Sapotacées.
	Strychnos sp.				Des Cocaniacées.
	Berrya mollis				Faux Teck.
	Ficus Vogeli				Des Artocarpées. Fructification abondante en Nov.
	Ficus Roxburghiana	Đá			Des Ulmacées.
	Ficus élastica	Đá			
	Celtis australis	Séou			

Désignation des Avenues, boulevards, rues, squares, promenades et longueur de ces voies.	NOMS DES ESSENCES Scientifique	NOMS DES ESSENCES Annamite	Dimensions Hauteur (mètres)	Dimensions Diamètre (centimètres)	Observations diverses
	Albizzia mollucana				Résine ou gomme rougeâtre. Fruits : Novembre.
	Tamarindus indica	Mẹ			
	Bombax malabaricum	Gạo			Très gros sujet.
	Ficus indica	Đa			Des Ulmacées.
	Cananga odorata	Hoang Lan			Des Anonacées. Ylang-Ylang.
	Terminalia procera	Bàng			
	Dalbergia sp.	Trắc			Des Légumineuses papillonacées.
	Sambucus sp,				Des Caprifoliacés — Arbrisseau.
	Mangifera indica	Xoay			Des Anacardiacées-Beaux sujets.
	Moringa pterigosperma		10-12	25-30	Des Caparidées.
	Averrhoa bil mbi	Khê			Des Céraniacées.
	Ravenala madagascarensis				Arbre du voyageur.
	Dolichodendron crispa				Des Bignonacées. —
	Garcinia sp.	Hông pháp			Grandes feuilles. —
	Pterospermum diversif.		12-14	20-25	Des Malvacées. Tronc droit.
	Citrus decumana	Bưởi	5-6	25-30	Des Rutacées.. Pamplemoussier.
	Odeodosea régia				Palmiers.
	Scaforthia élégans				Palmiers.
	Pongomia glabra				

Désignation des Avenues, boulevards rues, squares, promenades, et longueur de ces voies.	NOMS DES ESSENCES		Dimensions		Observations diverses
	Scientifique	Annamite	Hauteur (mètres)	Diamètre (centimètres)	
Jardin Botanique (Entrée par Av. Puginier jusqu'au carrefour du Parc aux Biches).	Mimusops élengi	Man tay đen	6 8	10-15	Des Sapotacées. Tronc droit.
	Semœcarpus sp.				Des Térébenthacées.
	Eucalyptus sp.	Giàu vang ung	6-8	10-15	
	Livistonia Hoogendospii				Palmier.
	Sapindus édulis	Sấu	3-4	5-10	Plantés en 1908. Forment belle allée avec les Chamœrops humilis.
	Bischoffia Tonk.	Nhội	5-6	20-25	id
	Areca catechu	Cau	3-4	10-12	Aréquier.
	Albizzia Lebeck	Muông	4-5	10-15	Belle allure.
	Ficus élastica	Đa	3-4	5-10	Caoutchoutier.
	Ravenalâ madagasc.		3-4	35-40	Des Scitaminées.
	Dypsis pinnatifons	Cau rừng	4-5	10-15	Palmier.
	Grevillea robusta		3-4	5-10	Des Protoacées.
	Saraca indica	Vàng anh	2-3	5-10	Des Légumineuses-Cœsalpinées.
	Pithecolobium sp.	Cam lai	5-7	25-30	id
	Bauhinia grandiflora		3-4	10-12	id
	Jaracanda mimos.	Mau đon	5-6	8-10	Des Bignonacées.
	Albizzia odoratis		15-20	7-8	Des Légumineuses
	Bombax malabar.	Gạo	5-7	20-25	Des Malvacées - Faux cotonnier.
	Garcinia Tonk.	Giộc	2-3	5-10	Des Guttifères.
	Acacia Lebeck	Muông	3-4	10-12	
	Eriodendron anfr.	Gòn	18-20	30-35	Des Malvacées - Kapok.
	Amoora sp.	Gội	15-20	30-35	Des Méliacées.
	Tonguinia vernicifera	Qua giam	3-4	10-15	Ressemble un peu au frangipanier.

Désignation des Avenues, boulevards rues, squares, promenades et longueur de ces voies.	NOMS DES ESSENCES		Dimensions		Observations diverses
	Scientifique	Annamite	Hauteur (mètres)	Diamètre (centimètres)	
	Dipterocarpus alatus	Dau	5-6	5-10	Des Diptérocarpées.
	Bambusa sp.	Tré	10-12	5-10	Des Bambusées
	Raphis flagel.	Lụi	1-2	2-4	Rotin servant à faire cannes.
	Eucalyptus robusta	Giau vang ưng	20-25	40-45	
	Plumeria alba		2-3	5-8	Frangipanier.
	Melicocea bijuga				Des Sapindacées.
	Cananga odorata	Hoàng lan	6-8	10-15	Ylang-Ylang.
	Garcinia indica	Bua	2-3	5-10	Faux mangoustannier.
	Muraaya exotica		2-3	5-10	Des Rutacées.
	Elœcocarpus sp.	Cây linh	2-3	5-10	Des Tilliacées.
	Chamœrops humilis	Có			Latanier.
	Bischoffia Sinensis	Nhội	5-6	20-25	Fruit plus gros que celui du Bischoffia Tonkinois
	Nephelium longanum	Nhãn	7-8	35-40	Des Sapindacées.
	Ziziphus sp.	Táo	3-4	10-15	Jujubier.
	Ixora alba	Mâu đon			Des Rutacées.
	Mangifera Cochinch.	Muôm	4-6	20-25	
	Dipterocarpus Dyerii.	Dau			
	Citrus acida	Chanh			Des Rutacées.
	Lagerstrœmia Cochin.	Bằng-lắng	3-4	5-10	Très belles fleurs mauves.
	Lagerstrœmia angustifolia				Des Lythrariacées.
	Citrus decumana				Pamplemousse.
	Ficus benjamina		5-6	0-25	
	Kayea Eugenifolia		4-5	20-25	Des Clusiacées.
	Hopea odorata				Des Dipterocarpées.
	Aleurites mollucana	Lai	5-6	10-15	Des Euphorbiacées-Bancoulier.

Désignation des Avenues, boulevards rues, squares, promenades, et longueur de ces voies,	NOMS DES ESSENCES		Dimensions		Observations diverses
	Scientifique	Annamit	Hauteur (mètres)	Diamètre (centimètres)	
Massif situé entre le Parc aux Biches et les Agrès et Allées conduisant du Parc aux Biches aux Agrès	Sterculia acuminata.	Trom			Des Malvacées.
	Celtis australis	Séou	10-12	25-30	Micocoulier.
	Cinnamomum camphora	Rạ hương	8-10	20-25	Des Laurinées - Camphrier.
	Inga Saman	Muông rút	15-20	35-40	Des Légumineuses - Mimosées.
	Ginko biloba				Arbre aux 40 écus.
	Schoutenia hypolenca				Des Tilliacées.
	Jatropha curcas				Des Euphorbiacées.
	Mélia Azédérach	Xoàn	8-10	35-40	Des Méliacées.
	Mangifera indica	Xoay	10-12	35-40	Manguier.
	Lagerstrœmia sp.	Tư vi	3-4	10-15	
	Annogeissus revularis		4-6	10-15	Des Combretacées.
	Mangifera Coch.	Muỗm	10-12	45-50	
	Mimusops élengi	man tay đen	6-8	10-15	Des Sapotacées.
	Baccaura sylvestris	Giau gia xoan	8-10	20-25	Des Enphorbiacées.
	Rhus succedanea	Sơn	3-4	10-15	Arbre à laque.
	Sapindus Saponaria	Bồ hòn	4-5	25-30	Des Sapindacées.
	Tamarindus indica	Mẹ	5-6	30-35	Tamarinier.
	Cinnamum camphora	Rạ hương	10-12	35-40	Camphrier.
	Polyphema sp.	Chay	6-7	30-35	
	Artocarpus intégrifolia	Mit	3-4	10-15	Des Artocarpées.
	Averhoa carambola	Khê			Des Oxalycées.
	Engénia vulgaris	Giổi	4-5	25-30	Des Myrtacées.
	Acacia lebeck	Muông	7-8	25-30	Des Légumineuses - mimosées.
	Dipsis pinnatifons	Cau rung	10-12	25-30	Palmier.

Désignation des Avenues, boulevards, rues, squares, promenades, et longueur de ces voies.	NOMS DES ESSENCES		Dimensions		Observations diverses
	Scientifique	Annamite	Hauteur (mètres)	Diamètre (centimètres)	
	Aleurites cordata	Trẩu	12-15	25-30	Des Euphorbiacées-Abrasiu.
	Bambusa nitis	Tre	15-20	5-8	Des Graminées.
	Poinsettia sp.				Des Enphorbiacées,
	Acalypha triumphans				id
	Anona réticulata				Des Anonacées-Fruits : oct. nov.
	Caryota urens	Móc			Palmier.
	Ficus sp.	Sung			
	Saraca indica	Vàng anh			Des légumineuses cœsalpinées.
	Bombax malab.	Gạo	10-12	30-35	Faux cotonnier.
	Stillingia sébifera	Sòi	7-8	15-20	Feuilles teinctoriales.
	Eryobotria Japonica	Nhot nhât ban	3-4	10-15	Néllier du Japon.
	Pinus longifolia	Thông	15-20	35-40	Pin à 2 feuilles.
	Pterocarpus sascatilis		10-12	35-40	Des Lég.-pap.- Fruits : Octobre Novembre.
	Pittosporum pentandrum.				Jeune sujet.
	Artocarpus incisa.	Mit			Jacquier.
	Croton tigl um				Des Euphorbiacées fruit : Octobre, Novembre.
	Antiaris toxicaria				Des Morées.
Massif du Parc aux Biches et allées conduisant à la sortie du jardin Botanique par l'Avenue Carnot	Poinsettia sp.		4-6	10-15	Des Euphorbaciées.
	Nephelium longanum	Nhãn	4-5	30-40	Litchi.
	Poinciana régia	Kim phượng	8-10	20-25	Flamboyant.
	Sapindus édulis	Sấu	6-8	25-30	Des Sapotacées.
	Dalbergia Coch.	Trác			
	Bamhinia pluméria				
	Tamarindus indica	Me	6-8	10-15	Fleurs jaunes.

Désignation des Aveunes, boulevards, rues, squares, promenades, et longueur de ces voies.	NOMS DES ESSENCES		Dimensions		Observations diverses
	Scientifique	Annamite	Hauteur (mètres)	Diamètre (centimètre)	
	Baccaurea sylvestris	Giau gia Xoàn	6-8	20-25	Des Euphorbiacées.
	Liquîdambar formosana.	Sào	10-12	15-20	Genre platane.
	Kaya Eugéuifolia				
	Dipterocarpus alatus				Des diptérocarpées.
	Belschmodia Rox.				Des Lauracées.
	Cassia fistnla				
	Vitex indica	Đang cay			Des Verbénacées,
	Spathodea campanulata		8-10	25-30	Des Bignonacées.
	Sophora tomentosa				
	Melalenca leucadendron	Tràm	3-4	5-10	Des Myrthacées.
	Eucalyptus sp.	Gian vang ung	4-6	10-15	
	Swietena sp.		5-6	10-15	Des Méliacées.
		Giây vu cò			Liane indét.
	Cananga odorata	Hoàng lan	6-8	20-25	Ylang-Ylang.
	Tectona grandis				Des Verbénacées.
	Berrya mollis				Des Tiliacées.
	Mimusops élengi	Mạn tay đen			Des Sapotacées.
		Chàn chàn			Arbrisseau à piquants.
	Magniola sp.				
	Fourcroya gigantea				
	Psidium Sinensis	Oi			Des Myrtacées.
	Mélalenca hypéricifolia				do
	Albizzia lebeck	Muông			
	Garcinia indica	Bứa			Des Anonacées.
	Exegaria agallocha				Des Euphorbiacées.
	Grevillea robusta				

Désignation des Avenues, boulevards, rues, squares promenades et longueur de ces voies	NOMS DES ESSENCES		Dimensions		Observations diverses
	Scientifique	Annamite	Hauteur (mètres)	Diamètre (centimètres)	
	Hymengea Courbaril				Des Légumineuses cœsalpinées.
	Elœocarpus Liu.				Des Tiliacées.
	Khaya Senégalensis				Des Méliacées.
	Garcinia Tonkinois	Giọc			Des Guttifères.
	Mangifera indica	Quéo	8-10	35-40	Manguier. Des Térébentacées.
	Eugénia vulgaris	Gioi			Des Myrthacées.
	Morus alba	Giâu			Mûrier.
	Gleditschia Sinensis.	Bồ kêt			Févier de Chine.
	Ficus Vogeli	Đa			
	Psidium pyriferum	Oi			Goyavier.
	Alstonia scholaris	Sữa	10-12	25-30	Arbre à lait — Vénéneux
	Longchocarpus formosana		8-10	35-40	Des Légumineuses-papilionacées.
	Aleurites mollucana	Lai			Des Euphorhiacées.
	Caryota urens	Móc			Palmier.
	Dipsis pinnatifous	Cau rưng			
	Chamœrops humilis	Có			
	Cassia sulfurea				Des Légumineuses cœsalpinées.
	Ficus Sycomorus	Sanh	6 8	10-15	Des Ulmacées.
	Nephelium longanum	Nhãn			
Massif entre les Agrès et le Palais du Gouverneur Général et allées conduisant de la cage à éléphant jusqu'au Parc aux Biches	Albizzia Lebeck	Muông			
	Albizzia mollucana		15-20	60-70	Des Légumineuses.
	Cananga odorata	Hoàng lan			Des Anonacées.
	Canarium sp.	Trâm			
	Psydium pyriferum	Ổi			
	Dalbergia sp.	Súa			

Désignation des Avenues, boulevards, rues, squares promenades et longueur de ces voies	NOMS DES ESSENCES		Dimensions		Observations diverses
	Scientifique	Annamite	Hauteur (mètres)	Diamètre (centimètres)	
	Adenanthera pavonica	Giang giang			
	Grevillea robusta				
	Alcurites mollucana	Lai			
	Hibiscus sp.				Des Malvacées.
	Amoora sp.	Gội			
	Mimusops elengi	Mận tay đen			
	Mangifera indica	Xoay			
	Rythis fruticosa				Des Euphorbiacées.
	Sterculia fœtida	Trôm			
	Tectona grandis				Teck
	Melaleuca leucadendron	Tràm			
	Callophyllum inophyllum	Mưu			Des Gultifères — Fruits Novembre-Décembre.
	Gleditschia Sinensis	Bồ kết			Des Légum. cœsalp.
	Phoenix dactylifera				
	Longchocarpus formosana				
	Liquidambar formosana	Sào			Des Saxifraginées.
	Spathodea campanulata				Tulipier du Gabon-des Bignonacées.
	Poinciana régia	Kim phượng			
	Kaya sénégaleusis				Très beau sujet.
	Artocarus intégrifolia	Mít			
	Coféa arabica	Tra phê			
	Paritium tilliaceum				Des malvacées — Fleurs rouges.
	Bischoffia sinensis	Nhội			Des Euphorbiacées.
	Dipterocarpus alatus				

Désignation des Avenues, boulevards, rues, squares, promenades, et longueur de ces voies.	NOMS DES ESSENCES		Dimensions		Observations diverses
	Scientifique	Annamite	Hauteur (mètres)	Diamètre (centimètres)	
	Baringtonia racemosa				Des Myrtacées.
	Encalyptus sp.	Giau vang ung			
	Tamarindus indica	Mẹ			
	Dipterocarpus sp.				
	Mangifera indica	Xoay			
	Ficus clastica	Đa			Ficus de Buitenzorg. Des Ulmacées.
	Vitex indica	Đang cay			
	Berrya mollis				Faux teck.
	Ixora alba	Mâu dòn			Des Rubiacées.
	Dalbergia coch.	Súa			
	Caryota urens	Móc			
	Aleurites mollucana	Lai			
	Sapindus édulis	Sấu			
	Amoora sp.	Gội			Fruits : Déc. et anvier
	Mangifera Cambod.	Muỗm			
	Garcinia Lour.	Bưa			
	Kayea Engénifolia				
	Diospyros decandra	Thị			
	Canarium sp.	Trâm			Des Térébentacées.
	Bambusa nitis	Tre			
	Terminalia mauritiana		6-8	15-20	Benjoin — Des Combretacées.
	Taxodium dystichum	Thuy thông			
	Scytarexyllum quadrangularis	Hoa sư tay trang			
	Cactus inermis				
	Accaeia niletica		6-8	15-20	Des Lég. mimosées.

Désignation des Avenues, boulevards rues, squares, promenades, et longueur de ces voies,	NOMS DES ESSENCES		Dimensions		Observations diverses
	Scientifique	Annamite	Hauteur (mètres)	Diamètre (centimètres)	
	Acacia moniliformis		6-8	15-20	Des Lég-mimosées.
	Thuya orientalis	Trắc bác diệp			
	Blumea balsamifera	Đại bi			
	Beaumontia gandiflora				Des Apocynées — Liane
	Scindapsus prothausorea				Liane à grandes feuilles
	Eugenia Michelii				Des Myrtacées.
	Jasminium Sambac	Hoa nhai			
	Mélia Azéderach	Soàn			
	Thumbergia erecta				Des Acanthacées.
	Yucca elœfolia	Dứa			
	Inga Saman	Kéo tay			
	Dypsis pinnatifous	Cau rừng			
	Parkia biglandulosa				Racines traçantes.
	Albizzia stipulata				
	Terminalia sp.	Bàng			
	Celtis australis	Séou	12-15	45-50	Des Ulmacées. Racines traçantes.
	Chamœrops humilis	Cỏ			
	Salix sp.				Des Salicacées. Saule pleureur,
Allée partant de Agrès et allant rejoindre le chemin circulaire qui passe derrière la serre et massif sur lequel est construite la maison du Jardinier-chef		Lộc vừng			Jeune sujet.
	Eucalyptus rutis	Giau vang ung	3-4	5-10	
	Eucalyptus piperita	—	3-4	5-10	
	Eucalyyptus alpinia	—	3-	5-10	
	Eucalyptus résinifera	—	3-4	5-10	
	Encalyptusmicrotheca	—	3-4	5-10	

Désignation des Avenues, boulevards, rues, squares, promenades et longueur de ces voies.	NOMS DES ESSENCES		Dimensions		Observations diverses
	Scientifique	Annamite	Hauteur (mètres)	Diamètre (centimètres)	
	Eucalyptus microrosis	Gian vàng ung	3-4	5-10	
	Eucalyptus grandis	—	3-4	5-10	
	Eucalyptus stukamia	—	3-4	5-10	
	Eucalyptus acervila	—	3-4	5-10	
	Eucalytus stuatiana	—	3-4	5-10	
	Berrya mollis		7-10	20-25	Faux teck.
	Tectona grandis		8-10	25-30	Teck.
	Stillingia sebifera	Sôi	6-8	30-35	
	Sindora Siamousis		7-8	25-30	Des Légum. Cœsalp.
	Pterospermum diversif.		3-4	10-15	Des malvacées.
	Hydrangea				
	Cycas revoluta				Des Cycadées.
	Michelia champaca				Des Maguislacées.
	Phœnix canariensis				
	Phœnix rebobenii				Palmiers de la Rivière Noire
	Phœnix dactylifera				
	Dryandra vernicia	Séou	3-4	10-Io	Des Protéacées.
	Celtis australis				Des Ulmacées.
	Sabal palmets				Très joli palmier.
	Thuya orientalis	Trắc bác diệp			
	Taxodium semper-virens	Thuy thông	4-5	25-30	
			4-5	30-35	
	Taxodium distichum	Thuy thông	4-5	25-30	Palmier.
	Livistonia sinensis.	Có			
	Sindapsus prothau-sorea				Liane à très grandes fenilles.
	Bombax malabaricum	Gạo	10-12	40-45	

Désignation des Avenues, boulevards, rues, squares promenades et longueur de ces voies	NOMS DES ESSENCES		Dimensions		Observations diverses
	Scientifique	Annamite	Hauteur (mètres)	Diamètre (centimètres)	
Allées contournant le massif situé à côté de la cage aux Tigres et ce massif lui-même.	Casuarina équisœtif.		12-15	30-35	Filao.
	Saraca indica	Vang anh	5-6	30-35	Des Légum, cœsalp.
	Raphis flagelliformis	Lụi			Palmier.
	Nauclea orientalis	Gáo	12-15	40-45	Des Rubiacées.
	Raphis flagelliformis	Lụi			Palmier.
	Nauclea orientalis	Gáo	12-15	40-45	Des Rubiacées.
	Caryota urens	Móc			Palmier.
	Khaya Sénégalensis		15-20	50-60	Des Méliacées.
	Chamœrops humilis	Có			Palmier.
	Pithecollobium sp.	Cam lai	20-25	40-50	Des Lég. cœsalp.
	Cocus campestris	Dũa			Cocotier.
	Bischoffia sp.	Nhội			
	Ravenala Madag.				Arbre du voyageur.
	Pinus longifolia	Thông	15-16	20-25	Pin à 2 feuilles.
	Areca orelacea	Cau			Aréquier.
	Podocarpus sp.				Conifère.
	Dalbergia coch.	Trắc			Des Légum. papil.
	Bougainvillea sp.	Tu hú			Bougainvilliers.
	Amoora sp.	Gội	15-20	45-50	Des Méliacées.
	Inga Saman	Kéo tay	18-20	50-60	Des Légm, mimosées.
	Elœis Guinéensis		4-5	50-60	Palmier à huile.
	Ligustrum sp.				Troène
	Cytharexyllum quad.	Hoa Sư tay trang			Des Verbénacées-Fleurs très odorantes.

Désignation des Avenues boulevards, rues, squares, promenades, et longueur de ces voies.	NOMS DES ESSENCES		Dimensions		Observations diverses
	Scientifique	Annamite	Hauteur (mètres)	Diamètre (centimètres)	
	Melalenca lenc.	Tràm			Des Myrtacées.
	Albizzia mollue.		22-25	40-45	Des Légumineuses.
	Sapindus édulis	Sấu	10-12	25-30	Des Sapotacées.
	Sterculia fœtida	Trôm	12-15	20-25	Des Malvacées.
	Alpina nutans				Des Gingibéracées. Plante fréquentes dans les bas fond. en forêts.
	Broussonnetia papyr.	Rương	18-20	40-45	Des Ulmacées.
	Cinnamomum eamp.	Long nào	14-15	30-35	Camphrier.
	Melalenca hypériifolia	Tràm	3-4	10-15	Des Myrtacées.
	Livistonia sinensis	Có			Latanier.
	Alotonia scholaris	Sữa	15-20	40-45	Des Apocynées.
	Sterculia platonifolia	Trôm			Des Malvacées.
	Mimusops clengi	Mạn tay đen			Des Sapotacés
	quercus sp.	Giẻ			Chêne — Déssupulifères
	Grévillea robusta				Des Protéacées.

Paris, Juillet 1911.

J. PRADES (En congé.)

P. S. — La situation présentée pour 1911 est bien modifiée en 1921. Combien de rues n'ont même plus un seul arbre pour abriter les habitations des rayons ardents du soleil.

J. P.

www.ingramcontent.com/pod-product-compliance
Ingram Content Group UK Ltd.
Pitfield, Milton Keynes, MK11 3LW, UK
UKHW021533260726
13993UKWH00004B/1961